KB161573

일본에 가지 않아도 되는 실생활 일본어

사요와 함께 동네 한 바퀴

스자키 사요 지음

이건 일본어로 뭐야?

동양북스

머리말

　　외국어를 공부하고 나서 실제로 그 나라 사람을 만나 이야기해보면, 그들의 말이 책에서 배운 것과 달라서 이해를 못 할 때가 있습니다. 한국인 남편과 결혼하여 현재 한국에서 생활하는 저 역시도 간단한 표현조차 모를 때가 많아요.

　　일본어 회화를 잘하기 위한 방법 중 하나는 일본 현지에 직접 가서 실제로 쓰이는 표현을 공부하는 것이라고 생각합니다. 하지만 일본어를 배우려고 바로 일본에 갈 수 있는 사람이 얼마나 될까요? 그래서 일본에 가지 못해도 진짜 네이티브 일본어를 공부하고 싶은 분들을 위해 이 책을 쓰게 되었습니다.

　　마치 일본에 있는 것처럼!

　　실제 일본에 가서 돌아다니는 것처럼!

　　어딘가에서 만나는 사람이나 맞닥뜨린 상황에서 사용할 수 있는 실생활 일본어는 물론, 일본을 더욱 깊이 이해하도록 도와주는 필수 문화 팁까지!

　　당장 일본에 가지 않아도 보다 생생한 일본어를 공부할 수 있게 가장 많이 들르는 장소 16곳을 선정하여, 실제로 많이 사용하는 단어와 표현으로 본문을 구성하였습니다.

　　끝으로 이 책이 출판될 수 있도록 애써주신 동양북스 편집자님과 항상 제가 도전할 수 있게 격려해주고 서포트해주는 남편 코니상에게 감사의 마음을 전합니다.

　　그럼 저와 함께 마을 한 바퀴 같이 돌아볼까요? スタート!

사요 마을 지도

페이지 순서 상관없이 가고 싶은 장소를 마음껏 골라 펼쳐보세요.

코히 카페
140쪽

다이써 마트
20쪽

키레이네 화장품 가게
32쪽

미츠마루 백화점
116쪽

사요도오리 지하철역
56쪽

캇또 미용실
128쪽

빅꾸빅꾸 전자제품가게
164쪽

사요도오리 버스 터미널
44쪽

이 책의 구성

장소 도착

사요와 함께 도착한 장소 전경입니다.
적혀 있는 단어를 읽어보고 무슨 뜻인지
추측해보세요.

단어 리스트업

앞 페이지에 있던 단어는 물론, 해당 장소
에서 보거나 들을 수 있는 단어들이 모두
등장합니다.

실제로 쓰는 표현 TOP 3

해당 장소에서 실제로 쓰는 표현 TOP 3를
엄선했습니다. 예상 질문 또는 답변도 같
이 있어서 실전에서 대화를 주고받을 수 있
어요.

1분 일본어

사요 유튜브에서 인기 많았던 그 콘텐츠!
딱 1분만 투자해서 해당 장소와 관련된
진짜 회화 표현을 배웁니다.

부록

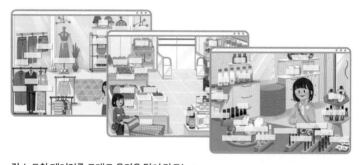

장소 도착 페이지를 그대로 옮겨온 단어 카드!
직접 빈 칸을 채우며 얼마나 알고 있는지 테스트해보세요.

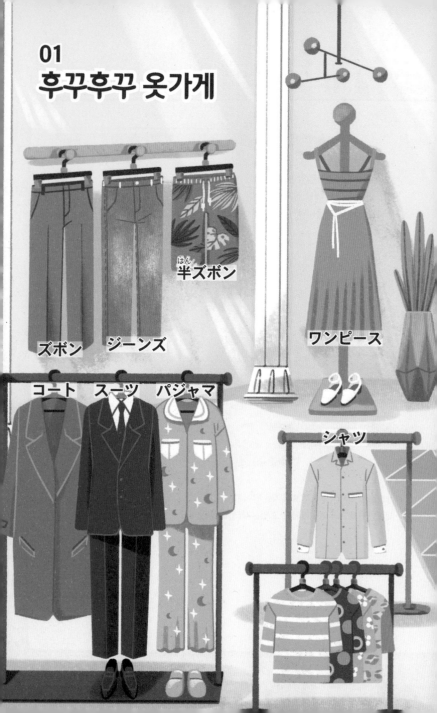

01
후꾸후꾸 옷가게

半<ruby>半<rt>はん</rt></ruby>ズボン

ズボン　　ジーンズ　　　　　　　ワンピース

コート　スーツ　パジャマ

シャツ

帽子(ぼうし)

セーター

下着(したぎ)

ブラジャー

パンツ

マフラー

ネクタイ

長袖(ながそで)

半袖(はんそで)

靴下(くつした)

手袋(てぶくろ)

ブラウス

スカート

1. **服** 옷
   _{ふく}

2. **半袖** 반소매
   _{はん そで}

3. **長袖** 긴소매
   _{なが そで}

4. **ズボン** 바지

5. **半ズボン, 短パン** 반바지
   _{はん} _{たん}

⑥ **ジーンズ, ジーパン** 청바지

⑦ **スカート** 치마

⑧ **シャツ** 셔츠

⑨ **ワイシャツ** 와이셔츠

⑩ **Tシャツ** 티셔츠

11. **ブラウス** 블라우스

12. **ワンピース** 원피스

13. **セーター** 스웨터

14. **コート** 코트

일본에서는 옷 사이즈를 S(エス), M(エム), L(エル), XL(エックスエル)로 표시하
는 것이 일반적입니다.

20
帽子 <ruby>帽<rt>ぼう</rt></ruby><ruby>子<rt>し</rt></ruby> 모자

21
マフラー 목도리

22
手袋 <ruby>手<rt>て</rt></ruby><ruby>袋<rt>ぶくろ</rt></ruby> 장갑

 TIP 옷 무늬

ストライプ	水玉模様 みずたま も よう	花柄 はながら	ヒョウ柄 がら
줄무늬	물방울무늬	꽃무늬	호피무늬

😊 サイズはどうですか。 사이즈는 어떻습니까?

😊 ① 大_{おお}きいです。 커요.

② 小_{ちい}さいです。 작아요.

③ きついです。 껴요.

④ ぴったりです。 딱 맞아요.

😊 長_{なが}さはどうですか。 길이는 어떻습니까?

😊 ① 長_{なが}いです。 길어요.

② 短_{みじか}いです。 짧아요.

③ ちょうどいいです。 딱 좋아요.

16

試着してもいいですか。 입어봐도 될까요?

① **どうぞ。** 네.

② **今、別の方が使っているので**
少々お待ちください。

지금 다른 분이 쓰고 계셔서 잠시만 기다려 주십시오.

WORD ちょうど 꼭, 마침 試し着ちゃく 시착, 입어봄

TIP

① 옷을 입는다고 표현할 때, 한국어로는 똑같이 '입다'라고 하지만 일본어 상의
와 하의에는 쓰이는 동사가 다릅니다.

- 상의(셔츠나 코트 등)를 입을 때는 着る ┐
- 하의(바지나 치마 등)를 입을 때는 はく ├ 벗을 때는 똑같이 脱ぐ
- 모자 등을 머리에 쓸 때는 かぶる ┘

② 일본에서 교환이나 반품을 할 때는 한국과 마찬가지로 반드시 レシート
(영수증)가 필요합니다. 그래서 구매할 때 영수증을 받아 두는 것이 좋습니다.

ぼったくられる 바가지를 쓰다

🙂 見て、

このコート衝動買いしちゃった。

👧 へ～ いくらだったの？

🙂 25,000円。

👧 25,000円？ 高っ！！

🙂 そうかな。

👧 そうだよ。

ぼったくられたんじゃないの？

WORD 衝動買い 충동구매　いくら 얼마

😊 봐봐,

이 코트 충동구매했어.

😊 호오~ 얼마였어?

😊 25,000엔.

😊 25,000엔? 비싸다!!

😊 그런가?

😊 그래~

바가지 쓴 거 아니야?

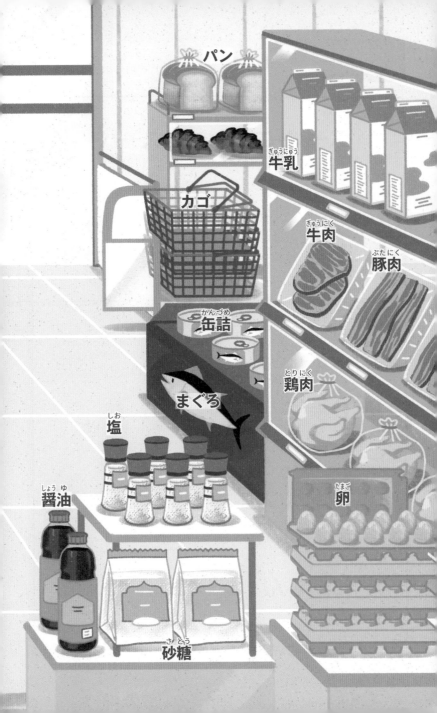

1 **スーパーマーケット, スーパー**
슈퍼마켓, 슈퍼

2 **カゴ** 바구니

3 **野菜**<ruby>や<rt>や</rt></ruby><ruby>さい<rt>さい</rt></ruby> 채소

4 **レタス** 양상추

5 **キャベツ** 양배추

6 **にんじん** 당근

네이티브 MP3

⑦ **大根** 무
だい こん

⑧ **ねぎ** 파

⑨ **玉ねぎ** 양파
たま

⑩ **きゅうり** 오이

⑪ **じゃがいも** 감자

⑫ **果物** 과일
くだ もの

13 **りんご** 사과

14 **なし** 배

15 **バナナ** 바나나

16 **ぶどう** 포도

17 **みかん** 귤

일본 마트에서는 얼음을 무료로 제공하는 경우가 많습니다. 해산물의 신선도를 유지하거나 아이스크림 등이 녹지 않도록 하는 고객 서비스인데요. 얼음은 일반적으로 계산대 가까이에 있습니다.

3.0 **醤油** 간장
しょう ゆ

3.1 **砂糖** 설탕
さ とう

3.2 **お菓子** 과자
か し

3.3 **カート** 카트

일본 마트에서 볼 수 있는 표현 중 하나로 お買い得가 있습니다. 상품의 질이나
か どく
양에 비해 저렴해서 사면 이득이라는 뜻인데요. お買い得 외에 特売品(특매품),
か どく　　　　　　　　　　　とくばいひん
広告の品(광고상품: 광고에 나왔던 상품), 店長のおすすめ(점장 추천) 등도 있습
こうこく　しな　　　　　　　　　　　　　　　　　てんちょう
니다.

砂糖_{さ とう}はどこにありますか。

설탕은 어디에 있습니까?

ご案内_{あん ない}します。砂糖_{さ とう}はこちらです。

안내하겠습니다. 설탕은 이쪽이에요.

マイバッグはお持_もちですか。

장바구니는 가져오셨습니까?

① はい。あります。네, 있습니다.

② ないです。袋_{ふくろ}お願_{ねが}いします。

없습니다. 봉투 부탁합니다.

とうてん も
当店のメンバーズカードはお持ちですか。

저희 가게의 회원카드는 가지고 계십니까?

 ① **はい、あります。** 네, 있습니다.

② **いいえ、ないです。** 아뇨, 없습니다.

① 세일을 나타내는 일본어 표현은 여러 가지가 있습니다.

예: 50% 할인인 경우

わりびき はんがく
50%オフ (50프로 오프) 5割引(50프로 할인) 半額(반값)

わりびき
② 일본 마트에서는 저녁이 되면 세일을 많이 합니다. 보통 1割引(10% 할인)나
わりびき
3割引(30% 할인)이라고 적힌 스티커를 붙여 놓는데, 특히 신선도가 중요한
도시락이나 반찬, 고기 등에 많이 붙어 있습니다.

すっからかん 텅텅 비다

👧 ヤバい！ 冷蔵庫の中すっからかんだ！

👦 すっからかん？
この前、買い物行かなかったっけ？

👧 行ったんだけど、パンとかお菓子しか
買わなかったから…。

👦 じゃあ買い物行く？

👧 うん。あ…！

👦 どうしたの？

👧 お財布の中もすっからかんなんだけど…。

WORD　冷れい蔵ぞう庫こ 냉장고　買かい物もの 장을 보다, 장보기　財さい布ふ 지갑

어떡해! 냉장고 안이 텅텅 비었는데?

텅텅 비었다고?

지난번에 장보러 가지 않았나?

갔는데 빵이나 과자밖에

안 샀잖아.

그럼 장보러 갈까?

응. 아…!

왜 그래?

지갑 안도 텅텅 비었는데….

美容液（びようえき）

化粧水（けしょうすい）

乳液（にゅうえき）

化粧落とし（けしょうおとし）

口紅（くちべに）

洗顔フォーム（せんがん）

チーク

ファンデーション

リップクリーム

コンシーラー

03
키레이네 화장품 가게

1. **化粧** け しょう 화장

2. **化粧品** け しょう ひん 화장품

3. **化粧水** け しょう すい 스킨

4. **乳液** にゅう えき 로션

5. **美容液** び よう えき 에센스

⑥ **化粧下地** 메이크업 베이스
　け しょうしたじ

⑦ **日焼け止めクリーム** 선크림
　ひ や ど

⑧ **化粧落とし, メイク落とし**
　け しょうお　　　　　　　お
클렌징

⑨ **洗顔フォーム** 폼 클렌징
　せん がん

TIP

'화장을 지우다'는 일본어로 化粧を落とす라고 하는데요. 화장을 지우는 클렌징
　　　　　　　　　　　　　け しょう お
오일을 クレンジングオイル, 클렌징 크림을 クレンジングクリーム라고 하고 화
장을 지우는 클렌징 제품을 통틀어 化粧落とし라고 부릅니다.
　　　　　　　　　　　　　け しょうお

10 **ファンデーション, ファンデ**
파운데이션

11 **コンシーラー** 컨실러

12 **チーク** 볼터치

13 **アイライナー** 아이라이너

14 **アイシャドウ** 아이섀도

15 **アイブロウ** 아이브로우

16 **つけまつげ** 속눈썹

17 **マスカラ** 마스카라

18 **口紅<small>くち べに</small>** 립스틱

19 **リップクリーム** 립크림

20 **試供品** <ruby>試<rt>し</rt></ruby><ruby>供<rt>きょう</rt></ruby><ruby>品<rt>ひん</rt></ruby> 샘플

21 **新商品** <ruby>新<rt>しん</rt></ruby><ruby>商<rt>しょう</rt></ruby><ruby>品<rt>ひん</rt></ruby> 신상품

22 **パック** (마스크)팩

23 **香水** <ruby>香<rt>こう</rt></ruby><ruby>水<rt>すい</rt></ruby> 향수

TIP

화장품은 피부 타입별로 판매되는 경우가 많지요. 자신의 肌質(피부타입)을 일본어로 뭐라고 하는지 외워보세요^^

敏感肌 민감성피부 乾燥肌 건성피부 オイリー肌 지성피부 混合肌 복합성피부

24 **(ヘア)ワックス** 왁스

25 **マニキュア** 매니큐어

26 **ネイル** 네일

美白効果のある化粧水はありますか。

미백 효과가 있는 스킨이 있어요?

でしたら資生堂のソフナーはいかがですか。

그러면 시세이도의 소프나는 어떠십니까?

この美容液の試供品はありますか。

이 에센스 샘플이 있어요?

ございます。少々お待ちください。

있습니다. 잠시만 기다려 주십시오.

今日いつもと何か違うね。
きょう　　　　　　　なに　ちが

오늘 평소랑 뭔가 다르네.

口紅変えたからかな。
くちべに か

コーセーの新商品だよ。
しんしょうひん

립스틱 바꿔서 그런가? 코세의 신상품이야.

① 일본에서 유명한 화장품 브랜드로는 SHISEIDO(시세이도), Kao(카오),
　　KOSÉ(코세) 등이 있습니다.

② 화장이 진하면 「化粧が濃い(화장이 진하다)」, 厚化粧(짙은 화장)
　　　　　　　　　　けしょう こ　　　　　　　　　　あつげしょう
　　화장이 연하면 「化粧が薄い(화장이 연하다)」, 薄化粧(연한 화장)
　　　　　　　　　　けしょう うす　　　　　　　　　　うすげしょう

化粧が崩れる 화장이 지워지다
け しょう くず

ファンデの新商品出てる！
しんしょうひん で

ファンデーション持ってるじゃん。
も

今までのファンデと違うの。
ちが
これ化粧崩れしないんだって。
け しょうくず

そんなに変わらない気がするけどね。
か き

全然違うよ。てことで、これ買ってくるね。
ぜんぜんちが か

WORD 新しん商しょう品ひん 신상품　違ちがう 다르다, 틀리다

てことで(ということで) 그러니까

👧 파데 신상 나왔어!

🧑 파운데이션 가지고 있잖아.

👧 지금까지의 파데랑은 달라.
이거 화장이 잘 안 지워진대.

🧑 별로 차이 없는 것 같지만.

👧 전혀 달라. 그러니까 이거 사 올게.

JR

インフォメーションセンター

入口

出口

バス

乗客

優先席

運転手

1. **バスターミナル** 버스 터미널

2. **バス** 버스

3. **市内バス** 시내버스

4. **高速バス** 고속버스

5. **夜行バス** 심야버스

⑥ **観光バス** 관광버스
かん こう

⑦ **バスガイド** 안내원

⑧ **運転手** 운전수, 운전기사
うん てん しゅ

TIP

일본 버스 운임의 종류는 2가지로, 균일 운임과 거리비례 운임입니다. 보통 균일 운임 버스의 경우 한국처럼 앞문에서 타면서 요금을 먼저 냅니다. 거리비례 운임 버스는 승차는 뒷문, 하차는 앞문에서 하고 내릴 때 돈을 냅니다.

48

19 **整理券** <ruby>整<rt>せい</rt></ruby><ruby>理<rt>り</rt></ruby><ruby>券<rt>けん</rt></ruby> 정리권 (버스 탈 때 교통카드 대신 뽑는
일회용 티켓)

20 **入口** <ruby>入<rt>いり</rt></ruby><ruby>口<rt>ぐち</rt></ruby> 입구

21 **出口** <ruby>出<rt>で</rt></ruby><ruby>口<rt>ぐち</rt></ruby> 출구

거리비례 운임 버스를 탈 때는 뒷문 리더기에 교통카드를 대고, 내릴 때 앞문 리더기에 카드를 갖다 댄 후 요금을 냅니다. 교통카드가 없으면 뒷문에서 정리권을 뽑고, 버스 앞쪽의 요금 안내판에 따라 정리권에 적힌 번호의 가격을 내면 됩니다. 거스름돈이 따로 없기 때문에 금액을 딱 맞추어 내거나, 앞문에서 지폐를 동전으로 바꿔서 내거나 합니다. 복잡하다고 느끼신다면 교통카드로 지불하는 것이 좋습니다.

22 **優先席** 노약자석
ゆう せん せき

23 **時刻表** 시간표
じ こく ひょう

浅草に行くバスはどこで乗りますか。

아사쿠사에 가는 버스는 어디서 타요?

8番乗り場です。 8번 승강장입니다.

このバスは新宿駅に行きますか。

이 버스는 신주쿠역에 갑니까?

① はい、行きますよ。 네, 갑니다.

② いいえ、このバスは行かないです。

아뇨, 이 버스는 안 갑니다.

네이티브 MP3

<ruby>原宿駅<rt>はらじゅくえき</rt></ruby>に<ruby>行く<rt>い</rt></ruby>には
どこで<ruby>降り<rt>お</rt></ruby>たらいいですか。

하라주쿠역에 가려면 어디서 내려야 돼요?

① <ruby>次<rt>つぎ</rt></ruby>で<ruby>降り<rt>お</rt></ruby>たらいいですよ。

다음에 내리시면 됩니다.

② <ruby>原宿駅前<rt>はらじゅくえきまえ</rt></ruby>で<ruby>降り<rt>お</rt></ruby>てください。

하라주쿠역 앞에서 내려주세요.

TIP

① 일본에서는 하차할 때 버스가 완전히 정차한 후 자리에서 일어나 내립니다. 정차하기 전에 일어서면 "위험하니까 일어나지 마세요."라고 운전기사에게 주의를 받기도 합니다.

② 지하철이나 버스 안에서 전화를 하면 マナー<ruby>違反<rt>いはん</rt></ruby>(매너 위반)이라고 해서 사람들이 좋지 않은 시선으로 봅니다. 대중교통 이용 시에는 이왕이면 휴대폰 알림을 진동 혹은 무음으로 설정하고, 전화가 와도 "나중에 전화드리겠습니다." 하고 빨리 끊는 게 좋습니다.

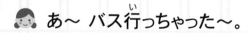
あ～ バス行っちゃった～。

目の前、通り過ぎて行ったね…。

あと3分早く来てれば乗れたのに
誰かさんが寝坊したから。

悪かったって。お昼おごるから許してよ！

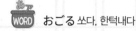 おごる 쏘다, 한턱내다

54

네이티브 MP3

아~ 버스 가버렸네~.

눈 앞에서 지나갔네….

3분 더 빨리 왔으면 탈 수 있었는데
어떤 분이 늦잠을 자버려서.

미안하다고. 점심 쏠 테니까 용서해줘!

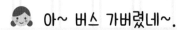

地下鉄（ちかてつ）

つり革（かわ）

駅員（えきいん）

線路（せんろ）

特急 快速
急行 準急

路線図

1 <ruby>駅<rt>えき</rt></ruby> 역

2 <ruby>電<rt>でん</rt></ruby><ruby>車<rt>しゃ</rt></ruby> 전철

3 <ruby>地<rt>ち</rt></ruby><ruby>下<rt>か</rt></ruby><ruby>鉄<rt>てつ</rt></ruby> 지하철

일본에서는 지하철과 전철을 명확하게 구분해서 말하는 편인데요. 일반적으로 지상을 달리면 電車(전철), 지하를 달리면 地下鉄(지하철)이라고 해요. 많은 사람들이 이용하는 JR은 전철입니다.

네이티브 MP3

④ **列車** 열차
　　れっしゃ

⑤ **汽車** 기차
　　き　しゃ

⑥ **新幹線** 신칸센
　　しん かん せん

⑦ **切符, チケット** 표
　　きっ ぷ

⑧ **ICカード** 교통카드

⑨ **特急** <ruby>特急<rt>とっきゅう</rt></ruby> 특급

⑩ **急行** <ruby>急行<rt>きゅうこう</rt></ruby> 급행

⑪ **快速** <ruby>快速<rt>かいそく</rt></ruby> 쾌속

⑫ **準急** <ruby>準急<rt>じゅんきゅう</rt></ruby> 준급

⑬ **普通** <ruby>普通<rt>ふつう</rt></ruby> 보통

14

女性専用車両 여성 전용칸
じょ せい せん よう しゃりょう

15

路線図 노선도
ろ せん ず

16

券売機 매표기
けん ばい き

17

ホーム, 乗り場 승강장
の ば

TIP

보통열차는 일본어로 各駅停車 혹은 普通列車라고 하는데요. 일본도 한국처럼 각
かくえきていしゃ　　ふ つうれっしゃ
역을 정차하는 보통열차가 있고, 더 빨리 갈 수 있는 특급, 급행, 쾌속, 준급(가장
적게 정차하는 순서대로) 등이 있습니다. 운영하는 회사마다 순서는 조금씩 다를
수도 있습니다.

18 改札口（かいさつぐち）개찰구

19 出口（でぐち）출구

20 窓口（まどぐち）창구

21 線路（せんろ）선로

22 踏（ふ）み切（き）り 건널목

23 **時刻表** 시간표

24 **つり革** 손잡이

25 **手すり** 난간

26 **優先席** 노약자석

27 **駅員** 역무원

池袋行きの電車は何番線ですか。

이케부쿠로행 전철은 몇 번 승강장입니까?

3番線です。 3번입니다.

どこで乗り換えたらいいですか。

어디서 갈아타면 됩니까?

秋葉原で乗り換えです。

아키하바라에서 갈아타면 됩니다.

この電車は池袋駅に行きますか。

이 전철은 이케부쿠로역으로 가요?

① はい、次の次が池袋駅ですよ。

네, 다음다음이 이케부쿠로역입니다.

② いいえ、行かないです。

아니요, 안 갑니다.

① 일본 지하철 출구는 한국처럼 번호로 표시된 것도 있지만 A1, A2처럼 알파벳+ 숫자 형태로 된 것도 있어서 알파벳까지 꼭 확인해야 합니다. JR 등의 전철 출구는 北口(북쪽), 南口(남쪽) 등의 방향으로 이름 지어진 경우가 많고, ハチ公前(하치코 앞)와 같이 특정 장소의 이름일 때도 있습니다.

② 일본에 路面電車(노면전차)가 다니는 곳이 꽤 있는데요. 전차가 지나갈 때 사람들에게 알리기 위해 경적을 'チンチン(땡땡)' 울리기 때문에 チンチン電車라고 부르기도 합니다. 노면전차를 타고 차창 밖 일본 풍경을 감상할 수 있으니 한번 타보시길 추천해요.

かけなおす 다시 걸다

😊 もしもし？

😊 もしもし。

😊 今、電話大丈夫？

😊 うん… あ！
電車来ちゃったから後でまたかけなおすね。

😊 うん。わかった。

여보세요?

여보세요.

지금 전화 괜찮아?

응… 아!

전철 왔으니까 나중에 다시 걸게.

응. 알았어.

세로미리 편의점

お酒（さけ）

雑誌（ざっし）

アイスクリーム

10

チキン

おでん

カップラーメン

お菓子（かし）

단어 리스트업

① **コンビニ** 편의점

② **コピー機**<ruby>き</ruby> 복사기

③ **トイレ** 화장실

④ **タバコ** 담배

⑤ **おにぎり** 주먹밥

⑥ **お弁当** 도시락

べんとう

⑦ **サラダ** 샐러드

TIP

일본 편의점은 말 그대로 편의를 위한 것들이 많습니다. 한국처럼 택배 서비스도 있고, 복사기가 구비되어 있어서 24시간 언제든지 복사를 할 수 있어요. 그 외에 사진 인쇄나 증명사진 촬영도 할 수 있습니다. 누구나 이용 가능한 화장실이 있는 곳이 많고, Free Wi-Fi 등이 있습니다.

12 **お茶** 차

13 **雑誌** 잡지

14 **漫画** 만화

15 **レジ** 계산대(카운터)

20 **お菓子** <ruby>菓<rt>か</rt></ruby><ruby>子<rt>し</rt></ruby> 과자

21 **ガム** 껌

22 **あめ** 사탕

세븐일레븐에서는 해외에서 발급한 신용카드, 체크카드로도 돈을 뽑을 수 있다고 해요. 일본에서 갑자기 현금이 필요할 때는 세븐일레븐을 이용해보세요.

お弁当(べんとう)は温(あたた)めますか。 도시락 데워드릴까요?

① はい。お願(ねが)いします。 네, 부탁합니다.

② 大丈夫(だいじょうぶ)です。 괜찮아요.

レジ袋(ぶくろ)ご利用(りよう)ですか。 비닐봉투 이용하시겠습니까?

① はい、お願(ねが)いします。 네, 부탁합니다.

② いいえ、結構(けっこう)です。 아니요, 괜찮습니다.

ポイントカードはお持ちですか。

포인트카드는 가지고 있으신가요?

① **はい、あります。** 네, 있습니다.

② **ないです。** 없습니다.

WORD　温あたためる 데우다

TIP

① 그 외에 「お箸、おつけしますか。(젓가락 드릴까요?)」, 「袋はお分けします か。(봉투를 나누어서 따로따로 넣어드릴까요?)」 이 두 가지 표현도 알아두 시면 좋을 것 같습니다.

② 일본 편의점에 가면 페트병 음료에 증정품이 붙어 있는 경우가 많습니다. 인기 캐릭터와 콜라보해서 페트병 커버가 다르기도 하고, 피규어나 핸드 타올 등의 증정품이 페트병 뚜껑에 달려 있답니다. 일본 편의점에 가신다면 한번 확인해 보세요.

小腹が空く 출출하다
こばら　　す

小腹が空いたな～
こばら　す

私も。コンビニでも行く？
わたし　　　　　　　　い

そうだね。

コンビニのおでんでも食べようかな。
た

おでんいいね～！

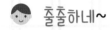 출출하네~

😊 나도. 편의점이라도 갈래?

😊 그래.

편의점 오뎅이라도 먹을까?

😊 오뎅 좋지~!

07
쇼쿠도 레스토랑

券売機
<ruby>券売機<rt>けんばいき</rt></ruby>

食券
<ruby>食券<rt>しょっけん</rt></ruby>

OPEN

喫煙席
<ruby>喫煙席<rt>きつえんせき</rt></ruby>

お冷
<ruby>お冷<rt>ひや</rt></ruby>

箸
<ruby>箸<rt>はし</rt></ruby>

とんかつ

スプーン

フォーク

味噌汁
<ruby>味噌汁<rt>みそしる</rt></ruby>

寿司
<ruby>寿司<rt>すし</rt></ruby>

和食（わしょく）
韓国料理（かんこくりょうり）
中華料理（ちゅうかりょうり）
ランチメニュー

定食（ていしょく）
ファストフード
イタリア料理（りょうり）
today 日替わりメニュー（ひがわり）

menu

ラーメン

すき焼き（やき）

うどん

カレーライス

そば

オムライス

しゃぶしゃぶ

牛丼（ぎゅうどん）

禁煙席（きんえんせき）

ナプキン

1. **レストラン** 레스토랑

2. **食堂** 식당
   <ruby>食<rt>しょく</rt></ruby><ruby>堂<rt>どう</rt></ruby>

3. **禁煙席** 금연석
   <ruby>禁<rt>きん</rt></ruby><ruby>煙<rt>えん</rt></ruby><ruby>席<rt>せき</rt></ruby>

4. **喫煙席** 흡연석
   <ruby>喫<rt>きつ</rt></ruby><ruby>煙<rt>えん</rt></ruby><ruby>席<rt>せき</rt></ruby>

일본 식당은 흡연석과 금연석이 나뉜 경우가 많습니다. 그래서 식당에 들어가면 직원이 「禁煙席、喫煙席どちらになさいますか。(흡연석, 금연석 어느 쪽으로 드릴까요?)」라고 물어봅니다. 흡연석에 앉고 싶다면 「喫煙席でお願いします。(흡연석으로 부탁합니다)」, 금연석을 원하면 「禁煙席でお願いします。(금연석으로 부탁합니다)」라고 대답하면 됩니다.

네이티브 MP3

⑤ **メニュー** 메뉴

⑥ **ランチメニュー** 런치 메뉴

⑦ **日替わりメニュー** 날마다 바뀌는 메뉴
　ひ　が

⑧ **食券** 식권
　しょっけん

⑨ **券売機** 매표기
　けん ばい き

⑩ **箸** 젓가락
　はし

11 **スプーン** 숟가락

12 **フォーク** 포크

13 **お冷**（ひや） 찬물

14 **ナプキン** 냅킨

15 **和食, 日本食**（わ しょく に ほん しょく） 일식

16 **韓国料理**（かん こく りょう り） 한국요리

17 　**中華料理** 중화요리

18 　**イタリア料理** 이탈리아 요리

19 　**ファストフード** 패스트푸드

20 　**定食** 정식

메뉴 중 ○○定食(○○정식)를 많이 보실 수 있는데요. 흔히 메인 반찬이 한 가지 나오고 밥, 미소시루, 샐러드, 단무지 등의 츠케모노가 한 판에 같이 올려져 나오는 걸 말합니다. 날마다 바뀌는 日替わりメニュー나, 그 계절에만 먹을 수 있는 期間限定メニュー(기간한정 메뉴)도 있어 언제 가더라도 색다른 식사를 즐길 수 있습니다.

21 **ラーメン** 라면

22 **うどん** 우동

23 **そば** 메밀국수

24 ^す^し
寿司 스시

25 ^{さし}^み
刺身 사시미, 회

26 ^{ぎゅう}^{どん}
牛丼 소고기덮밥

いらっしゃいませ。何名様_{なんめいさま}ですか。

어서오세요. 몇 분이세요?

① 一人_{ひとり}です。 1명입니다.

② 二人_{ふたり}です。 2명입니다.

③ 三人_{さんにん}です。 3명입니다.

④ 四人_{よにん}です。 4명입니다.

ご注文_{ちゅうもん}はお決_きまりでしょうか。

주문하시겠어요?

① 唐揚_{からあ}げ定食_{ていしょく}で。 카라아게 정식으로 (부탁합니다).

② まだ決_きまってないです。 아직 안 정했어요.

お会計お願いします。 계산해주세요.

かしこまりました。少々お待ちください。

알겠습니다. 잠시만 기다려 주십시오.

お会計 계산

TIP

① 한국 길거리에서 간단하게 먹을 수 있는 어묵처럼 일본에는 立ち食いそば(서서 먹는 메밀국수)가 있습니다. 메밀국수나 우동 등을 서서 먹는 음식점의 기원은 에도시대의 포장 마차였다고 해요. 역 안이나 주변에 많이 있고, 전철을 기다리는 동안 먹는 사람이 꽤 있습니다.

② 한국과 일본의 식사 습관이나 매너가 조금씩 다릅니다. 예를 들면 수저, 한국에서는 수저를 세로로 놓지만, 일본에서는 가로로 놓습니다. 일반적으로 밥과 국 그릇을 손에 들고 먹기 때문에 숟가락을 많이 안 쓰며, 메뉴에 따라 젓가락만 나오는 경우가 많습니다. 숟가락이 필요할 때는 직원에게 「スプーンください。(숟가락 주세요)」라고 하면 됩니다.

何食べる？

何食べよう。迷うな～
とんかつもおいしそうだし
そばも捨てがたいんだよね。

早く決めてよ。

どうしよう。決められない。

WORD　捨てがたい 버리기 아깝다, 제쳐두기 아깝다

😊 뭐 먹을래?

😊 뭐 먹지? 고민이 되네~
돈가스도 맛있겠고
메밀국수도 버리기 아깝단 말이야.

😊 빨리 정해줘.

😊 어떡해. 못 정하겠어.

하나야 꽃집

ひまわり

デイジー

ガーベラ

チューリップ

勿忘草（わすれなぐさ）

スミレ

サボテン

カーネーション

ラベンダー

菜の花（なのはな）

ユリ

菊（きく）

紫陽花（あじさい）

剪定（せんてい）ばさみ

カスミソウ

バラ

花束（はなたば）

はさみ

花（はな）びら

リボン

ジャスミン

カモミール

ミント

1 花 ^{はな} 꽃

2 花屋 ^{はな や} 꽃집

3 花びら ^{はな} 꽃잎

4 花束 ^{はな たば} 꽃다발

5 はさみ 가위

6 剪定ばさみ ^{せん てい} 전정가위

7 **リボン** 리본

8 **植木鉢** 화분
   <ruby>植<rt>うえ</rt>木<rt>き</rt>鉢<rt>ばち</rt></ruby>

9 **バラ** 장미꽃

10 **ひまわり** 해바라기

11 **ユリ** 백합

12 **チューリップ** 튤립

13 카ネーション** 카네이션

⑭ **ガーベラ** 거베라

⑮ **菊** 국화
きく

⑯ **カスミソウ** 안개꽃

TIP

축제를 일본어로 祭り라고 하는데요. 일본에서는 꽃의 개화 시기에 맞춰서 꽃축
제도 자주 열립니다. 벚꽃이 필 때 하는 桜祭り(벚꽃 축제)가 있고, 그 외 あじさ
い祭り(수국 축제), ツツジ祭(철쭉 축제), ひまわりフェスティバル(해바라기 페
스티벌), コスモス祭り(코스모스 축제) 등이 있습니다.

29 **カモミール** 캐모마일

30 **ミント** 민트

일본에는 제목이나 가사에 꽃 이름이 들어간 노래가 많습니다. 유명한 곡으로는 あいみょん(아이몽)의 'マリーゴールド(마리골드)', 秦基博(하타 모토히로)의 'ひまわりの約束(해바라기의 약속)', 松田聖子(마츠다 세이코)의 '赤いスイートピー(붉은 스위트피)', 一青窈(히토토 요)의 'ハナミズキ(하나미즈키)' 등이 있습니다. 특히 福山雅治(후쿠야마 마사하루)의 '桜坂(벚꽃 언덕)', 嵐(아라시)의 'サクラ咲ケ(벚꽃이 피어라)', コブクロ(코부쿠로)의 '桜(벚꽃)'처럼 벚꽃이 들어간 곡이 제일 많다고 합니다.

お見舞い用に花束を作ってもらえませんか。

병문안 용으로 꽃다발 만들어주실래요?

かしこまりました。
予算はいくらぐらいですか。

알겠습니다. 예산은 얼마 정도입니까?

ガーベラはいくらですか。 거베라는 얼마예요?

1輪150円です。 한 송이 150엔입니다.

このバラ、別の色もありますか。

이 장미꽃 다른 색깔도 있어요?

 はい。白色、ピンク色、

それから青色のバラもあります。

네. 흰색, 핑크색, 그리고 파란색 장미꽃도 있습니다.

 WORD　お見舞い 병문안　～輪 ～송이(꽃을 세는 말)

① '꽃 하면 벚꽃'이라고 할 정도로 일본인은 桜(벚꽃)를 좋아합니다. 그래서 벚꽃 보러 가는 것을 花見(꽃을 본다)라고 하며, 벚꽃 시즌에는 일기예보처럼 벚꽃의 개화시기를 지도에 그린 さくら開花前線(벚꽃 개화 전선)을 발표하기도 합니다.

② 벚꽃이 피는 시기에 추워지는 꽃샘추위는 일본어로 花冷라고 하며 벚꽃이 필 무렵에 흐린 날씨는 花曇り라고 합니다.

うわ～！見事な桜並木だね。

ほんとだ。綺麗だね。

桜の花言葉、何ていうか知ってる？

何ていうの？

「優雅な女性」。まるで私みたいじゃない？

WORD 桜さくら 並なみ 木き 벚꽃길　優ゆう 雅がな 우아한

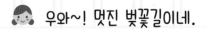 우와~! 멋진 벚꽃길이네.

진짜네. 예쁘다.

벚꽃의 꽃말, 먼지 알아?

뭐라고 하는데?

"우아한 여성". 마치 나 같지 않아?

小説　　　自己啓発本　ビジネス書

雑誌　　ファッション雑誌　実用書

文庫本　　　　立ち読み

しおり

ブックカバー

レシピ本（ぼん）　写真集（しゃしんしゅう）　辞書（じしょ）　参考書（さんこうしょ）

09

홍야홍야 서점

作家（さっか）

サイン本（ぼん）

絵本（えほん）　童話（どうわ）

週刊誌（しゅうかんし）

漫画（まんが）

1 **書店** 서점
しょ てん

2 **古本屋** 헌책방
ふる ほん や

3 **本** 책
ほん

4 **文庫本** 문고본 (저렴한 가격에 들고 다니기 편한
ぶん こ ぼん 　　　　작은 사이즈로 만들어진 책)

5 **伝記** 전기
でん き

네이티브 MP3

6 **小説** 소설
　しょう せつ

7 **自己啓発本** 자기계발서
　じ こ けい はつ ぼん

8 **ビジネス書** 비즈니스서
　　　　　しょ

TIP

일본의 대표 서점이라고 하면 紀伊国屋(키노쿠니야), ジュンク堂(준쿠도), 蔦屋
(TSUTAYA) 등이 있고 헌책방으로는 BOOKOFF가 유명합니다.

⑨ **実用書** 실용서

⑩ **辞書** 사전

⑪ **参考書** 참고서

⑫ **雑誌** 잡지

⑬ **ファッション雑誌** 패션잡지

14 **週刊誌** しゅうかんし 주간지

15 **漫画** まんが 만화

16 **絵本** えほん 그림책

17 **童話** どうわ 동화책

18 **写真集** しゃしんしゅう 사진집

19 **レシピ本** 요리책

20 **メイク本** 메이크업북

21 **立ち読み** (책을 사지않고) 서서 읽음

22 **サイン会** 사인회

23 **作家** 작가

24 **サイン本** <ruby>本<rt>ほん</rt></ruby> 사인책

25 **しおり** 책갈피

26 **ブックカバー** 북커버

27 **電子書籍** <ruby>電<rt>でん</rt></ruby><ruby>子<rt>し</rt></ruby><ruby>書<rt>しょ</rt></ruby><ruby>籍<rt>せき</rt></ruby> 전자책

TIP

일본 서점에서는 책을 살 때 서비스로 북커버를 씌워주는 것이 일반적입니다. 약 100년 전의 다이쇼시대 때 유래되었다고 합니다. 책을 깨끗한 상태로 유지하고, 내가 읽고 있는 책을 다른 사람에게 보여주지 않기 위해 사용합니다.

外国語に関する本はどこにありますか。

외국어 관련 책은 어디에 있어요?

9階に外国語コーナーがあります。

9층에 외국어 코너가 있습니다.

この本はいつごろ入荷しますか。

이 책은 언제쯤 입고되나요?

来週の月曜日頃になります。

다음주 월요일쯤입니다.

😊 **カバーはおかけしますか。** 커버 씌워드릴까요?

😊 ① **はい、お願いします。** 네, 부탁합니다.

② **いいえ、大丈夫です。** 아니요, 괜찮습니다.

WORD かける 두르다, 씌우다

TIP

① 일본 서점에 가보면 책 소개글이 적힌 POP 광고가 눈에 띕니다. POP는 서점 직원이 직접 쓴 경우가 많고, 실제로 이 POP을 보고 책을 사는 사람도 많습니다. 북커버처럼 일본의 독특한 문화니까 일본 서점에 갈 기회가 있으신 분은 어떤 POP가 있는지 한번 찾아보세요!

② 일본의 유명한 문학상으로는 芥川賞(아쿠타가와상)과 直木賞(나오키상)이 있는데요. 연 2회 시상으로, 둘 다 1935년부터 시작된 일본에서 가장 오래된 문학상이라고 합니다. 그 밖에 서점 직원들의 투표로 작품 선정 및 수상작이 결정되는 本屋大賞(서점대상)이 유명합니다. 이 상은 아쿠타가와상이나 나오키상과는 달리 평소에 책을 읽지 않는 사람도 다가가기 좋은 책들이 후보에 오르는 경향이 있습니다.

二股をかける 양다리를 걸치다
<ruby>二股<rt>ふたまた</rt></ruby>をかける 양다리를 걸치다

さよさん、<ruby>何<rt>なに</rt></ruby><ruby>読<rt>よ</rt></ruby>んでるの？

<ruby>綿矢<rt>わたや</rt></ruby>りさの<ruby>小説<rt>しょうせつ</rt></ruby>。

なんか<ruby>読<rt>よ</rt></ruby>んでてイライラしてきた。

<ruby>何<rt>なん</rt></ruby>で？

<ruby>主人公<rt>しゅじんこう</rt></ruby>の<ruby>彼氏<rt>かれし</rt></ruby>が<ruby>二股<rt>ふたまた</rt></ruby>かけてるんだよね。

WORD　イライラ 안절부절 못하는, 신경이 곤두선 모양

사요상, 뭐 읽고 있어?

와타야 리사의 소설.

뭔가 읽으면서 짜증나기 시작하네.

왜?

주인공의 남자친구가 양다리를 걸치고 있거든.

おもちゃ

お土産

食料品

● ● ● ● ● レストラン街 ● ●

雑貨

生活用品

文房具

エレベーター

駐車場

10

미츠마루 백화점

∧ ∨

化粧品（けしょうひん）

香水（こうすい）

紳士服（しんしふく）

こども服（ふく）

エスカレーター

店員（てんいん）

マネキン

お客さん（きゃく）

婦人服（ふじんふく）

① **デパート, 百貨店** 백화점

② **売り場** 매장

③ **食料品** 식료품

일본에서 유명한 백화점으로는 伊勢丹(이세탄), 阪急百貨店(한큐 백화점), 高島屋(다카시마야), 三越(미츠코시) 등이 있습니다. 특히 노포 백화점이 많은데요. 그중에 日本橋高島屋(니혼바시다카시마야)와 三越日本橋本店(미츠코시니혼바시 본점)은 일본의 중요 문화재로도 등록되어 있습니다.

④ **化粧品** <ruby>化<rt>け</rt></ruby><ruby>粧<rt>しょう</rt></ruby><ruby>品<rt>ひん</rt></ruby> 화장품

⑤ **婦人服** <ruby>婦<rt>ふ</rt></ruby><ruby>人<rt>じん</rt></ruby><ruby>服<rt>ふく</rt></ruby> 여성복

⑥ **紳士服** <ruby>紳<rt>しん</rt></ruby><ruby>士<rt>し</rt></ruby><ruby>服<rt>ふく</rt></ruby> 남성복

⑦ **こども服** <ruby>服<rt>ふく</rt></ruby> 아동복

⑧ **おもちゃ** 장난감

14 **エレベーター** 엘리베이터

15 **エスカレーター** 에스컬레이터

16 **駐車場** 주차장
　ちゅうしゃじょう

17 **満車** 만차
　まんしゃ

18 **デパ地下** 백화점 지하매장
　　　ちか

19 **店員** {てん いん} 점원

20 **お客さん** {きゃく} 손님

21 **マネキン** 마네킹

22 **価格** {か かく} 가격

23 **割引** {わりびき} 할인

24 **割引対象外** 할인 대상 제외
わり びき たい しょう がい

25 **お土産** 오미야게(여행지에서 사는 기념품이나 토산품)
みやげ

백화점 지하 1층에서 お土産를 파는 경우가 많은데요. 유명한 것들 중 개인적으로
제 추천 오미야게는 鳩サブレー(하토사브레), じゃがポックル(쟈가포쿠루), 名
菓ひよこ(명과 히요코), グーテ・デ・ロワ(구테데로와) 초콜릿맛, 白い恋人(하
얀 연인)입니다.

ふ じんふく う ば なん かい
婦人服売り場は何階ですか。

여성복 매장은 몇 층입니까?

かい
2階です。 2층입니다.

つか
このカードは使えますか。

이 신용카드 사용할 수 있어요?

り よう
① **はい、ご利用いただけます。**

네, 사용하실 수 있습니다.

もう わけ
② **申し訳ございません。こちらのカード**
つか
は、お使いになれないようです。

죄송합니다. 이 카드는 사용하실 수 없는 것 같습니다.

124

いらっしゃいませ。何<ruby>何<rt>なに</rt></ruby>かお<ruby>探<rt>さが</rt></ruby>しですか。

어서오십시오. 무엇을 찾으십니까?

① マフラーを<ruby>買<rt>か</rt></ruby>いたいんですが。

목도리를 사고 싶은데요.

② いいえ、<ruby>見<rt>み</rt></ruby>てるだけです。

아니요, 보기만 하는 거예요.

① 새해에 백화점에서 파는 것 중 하나로 福袋<rt>ふくぶくろ</rt>가 있습니다. '복주머니'라는 뜻으로 주머니 안에는 판매금액보다 더 높은 가격의 물건들이 들어 있습니다. 물건으로는 옷이나 전자제품, 장난감, 잡화 등이 들어가는데요. 안에 뭐가 들어 있는지 볼 수 없는 경우가 대부분이라서 어떤 물건이 있을까 궁금해하며 뽑는 재미가 있습니다. 재고정리를 위한 목적도 있기 때문에 비싼 상품이 들어 있다고 해도 인기없는 물건들만 들어간 경우도 있습니다.

② 일본인은 '~씨'를 뜻하는 '~さん'을 많이 씁니다. 예를 들어 가게 점원을 부를 때는 店員<rt>てんいん</rt>さん, 학생을 부를 때는 学生<rt>がくせい</rt>さん, 착한 아이는 お利口<rt>りこう</rt>さん이라고 합니다.

お世辞（せじ） 립서비스

昨日（きのう）デパートに行（い）ったんだけど。

うん。

「車（くるま）かっこいいですね」って
店員（てんいん）さんに褒（ほ）められちゃった。

そんなのただのお世辞（せじ）なのに
簡単（かんたん）に信（しん）じちゃって！単純（たんじゅん）なんだから。

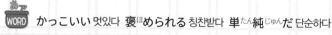

かっこいい 멋있다　褒（ほ）められる 칭찬받다　単（たん）純（じゅん）だ 단순하다

😊 어제 백화점 갔다왔는데.

😊 응.

😊 "차가 멋있네요."라고
직원이 칭찬해줬어.

😊 그런 거 그저 립서비스인데
쉽게 믿는다니까! 단순하다니까.

11
캇또 미용실

美容師（びようし）

ヘアーアイロン

髪の毛（かみけ）

鏡（かがみ）

ブロー

空きばさみ（すきばさみ）

後ろ髪（うしろがみ）

カット　前髪カット（まえがみ）

リタッチ　パーマ　縮毛矯正（しゅくもうきょうせい）

カラー

ベリーショート　ショート

ボブ　坊主（ぼうず）

短髪（たんぱつ）　かつら

① **美容室** <ruby>美<rt>び</rt></ruby><ruby>容<rt>よう</rt></ruby><ruby>室<rt>しつ</rt></ruby> 미용실

② **美容師** <ruby>美<rt>び</rt></ruby><ruby>容<rt>よう</rt></ruby><ruby>師<rt>し</rt></ruby> 미용사

③ **理髪店** <ruby>理<rt>り</rt></ruby><ruby>髪<rt>はつ</rt></ruby><ruby>店<rt>てん</rt></ruby> 이발소

④ **はさみ** 가위

미용실은 일본어로 美容室, 美容院 혹은 ヘアサロン이라고 하며 이발소는 床屋, 理髪店, 散髪屋라고 합니다.

5 **空きばさみ** <ruby>空<rt>す</rt></ruby>きばさみ 숱가위

6 **鏡** <ruby>鏡<rt>かがみ</rt></ruby> 거울

7 **ヘアーアイロン** 고데기

8 **ドライヤー** 드라이기

9 **ブロー** 블로우

10 **髪の毛** <ruby>髪<rt>かみ</rt></ruby>の<ruby>毛<rt>け</rt></ruby> 머리카락

11 **前髪** 앞머리

12 **後ろ髪** 뒷머리

13 **毛先** 머리끝

14 **根本** 뿌리

15 **えりあし** 목덜미

16 **もみあげ** 구레나룻

17 **料金表** （りょうきんひょう） 요금표

18 **カット** 커트

19 **前髪カット** （まえがみ） 앞머리 커트

20 **カラー** 염색

21 **リタッチカラー, 根元染め** （ねもとぞ） 뿌리염색

22 **パーマ** 파마

29 **ロング** 롱머리

30 **坊主** <ruby>坊<rt>ぼう</rt></ruby><ruby>主<rt>ず</rt></ruby> 까까머리

31 **短髪** <ruby>短<rt>たん</rt></ruby><ruby>髪<rt>ぱつ</rt></ruby> 단발

32 **かつら** 가발

일본 미용실은 대부분 예약제로 되어 있습니다. 전화로도 예약 가능하지만, ホッ
トペーパービューティー(핫 페이퍼 뷰티)라는 사이트를 통해 예약하는 사람이
많습니다. 미용실뿐만 아니라 네일, 피부관리, 속눈썹 등 미용에 관한 다양한 곳
을 검색하고 예약할 수 있습니다.

실제로 쓰는 표현 TOP 3

14時に予約した田中です。

14시에 예약한 타나카입니다.

田中様、おかけになってお待ちください。

타나카님, 앉아서 기다려 주십시오.

お湯加減いかがですか？ 물 온도는 어떠세요?

① **丁度いいです。** 딱이예요.

② **少し冷たいです。** 조금 차가워요.

③ **熱いです。** 뜨거워요.

④ **大丈夫です。** 괜찮아요.

일본 미용실에서 미용사가 샴푸를 해주면서 물어보는 표현 중에는 「お湯加減いかがですか？(물 온도는 어떠세요?)」 혹은 「かゆいところないですか？(가려운 곳 없나요?)」, 「力加減いかがですか？(지압 아프지 않으세요?)」 등이 있습니다.

今日{きょう}はどうしますか。 오늘은 어떻게 하시겠습니까?

① カットお願{ねが}いします。 커트해주세요.

② ヘアカラーお願{ねが}いします。 염색해주세요.

③ 毛先{けさき}だけ整{ととの}えてください。

머리 끝부분만 다듬어주세요.

④ 髪{かみ}をすいてください。 숱 쳐주세요.

⑤ 新垣結衣{あらがきゆい}のような感{かん}じにしてください。

아라가키 유이처럼 해주세요.

⑥ お任{まか}せします。 알아서 해주세요.

일본에 가면 10분에 1000엔인 이발소가 있습니다. 10分{ぷん}カット(10분 컷), 1000円{えん} カット(1000엔 컷)이라고 불리기도 하는데요. 예약이 따로 필요 없고, 가게에 들 어가 매표기에서 표를 구입하고 부탁하면 됩니다.

髪<ruby>を<rt></rt></ruby>染<ruby>め<rt></rt></ruby>る 머리를 염색하다

見<ruby>み<rt></rt></ruby>て～ 髪<ruby>かみ そ<rt></rt></ruby>染めたの。どう？

前髪<ruby>まえがみ<rt></rt></ruby>ぱっつんになってますけど？

クレオパトラですか？

クレオパトラw そうかもね。

クレオパトラスタ～イル！

何<ruby>なに<rt></rt></ruby>はともあれ、よく似<ruby>にあ<rt></rt></ruby>合ってますよ。

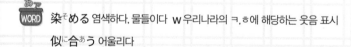

WORD 染<ruby>そ<rt></rt></ruby>める 염색하다, 물들이다 w 우리나라의 ㅋ, ㅎ에 해당하는 웃음 표시

似<ruby>に<rt></rt></ruby>合<ruby>あ<rt></rt></ruby>う 어울리다

봐봐~ 머리 염색했어. 어때?

앞머리 일자가 되었는데?
클레오파트라입니까?

클레오파트라 ㅎ 그럴지도.
클레오파트라 스타~일!

어쨌든 간에 잘 어울려요.

アイスコーヒー ホットコーヒー

ブレンドコーヒー アメリカーノ

エスプレッソ 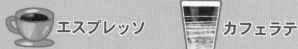カフェラテ

カプチーノ カフェモカ

デザート

ショートケーキ　チーズケーキ　チョコレートケーキ

モンブラン　　　　　スコーン

12
코히 카페

 抹茶ラテ （まっちゃ）

 紅茶 （こうちゃ）

 ミルクティー

 レモンティー

サンドイッチ

トースト

ベーグル

バリスタ

1. **コーヒーショップ, カフェ**
커피숍(카페)

2. **喫茶店** 찻집
きっ さ てん

3. **コーヒー** 커피

4. **アイスコーヒー** 아이스커피

5. **ホットコーヒー** 따뜻한 커피

⑥ **ブレンドコーヒー** 블렌드 커피

⑦ **アメリカーノ** 아메리카노

⑧ **エスプレッソ** 에스프레소

한국 카페에 가서 놀란 점은 아메리카노를 선호하는 사람이 많다는 것이었습니다. 일본인은 커피를 시킬 때 아메리카노보다 블렌드 커피를 선호하는 경향이 있어서 コーヒーホットで(커피 따뜻한 걸로), コーヒーアイスで(커피 차가운 걸로)로 주문하면 여기서의 コーヒー는 블렌드 커피인 때가 많습니다. 그리고 블랙 커피를 시켰어도 카페에 구비된 コーヒーフレッシュ(식물성 크림)나 砂糖(설탕), シロップ(시럽)를 넣는 사람도 많습니다. 그래서 카페에 가보면 메뉴의 맨 위가 블렌드 커피인 경우가 많고, 어떤 카페는 아메리카노가 없기도 합니다.

9   **カフェラテ** 카페라테

10   **カプチーノ** 카푸치노

11   **カフェモカ** 카페모카

12   **抹茶ラテ** 말차 라테
　　　ま っ ちゃ

점포마다 다르지만 일본에서는 보통 아침 7~8시쯤에 문을 여는 카페가 많아서, 카페에서 아침식사를 하고 출근하는 회사원이 꽤 있습니다. 그래서 モーニング 세트(모닝 세트)를 판매하는 카페가 많습니다.

ご注文はいかがなさいますか。

주문하시겠어요?

ホットコーヒーひとつお願いします。

따뜻한 커피 하나 주세요.

サイズはいかがなさいますか。

사이즈는 어떤 걸로 하시겠어요?

Sで。 S사이즈로 (부탁합니다).

店内<small>てんない</small>でお召<small>め</small>し上<small>あ</small>がりですか。

가게 안에서 드시고 가세요?

① はい、店内<small>てんない</small>で。 네, 가게 안에서.

② いいえ、持<small>も</small>ち帰<small>かえ</small>りで。 아니요, 테이크아웃으로.

① 일본 커피숍은 한국에 비해 실내가 좁아서 빈 자리가 없을 수 있습니다. 자리
가 있는지 확인하고 주문하는 것이 좋습니다.

② 일본에는 점심시간에 커피 등의 음료를 세트로 해서 점심밥을 파는 카페가 많
습니다. 카페에서 먹는 밥이라서 カフェごはん、カフェめし(카페 밥)라고
하는데요. 대표적인 메뉴로는 카레라이스, 하야시라이스, 오므라이스, 파스
타, 로코모코 등이 있습니다.

時間(じかん)を潰(つぶ)す 시간을 때우다

早(はや)めに着(つ)いちゃった。

もう着(つ)いたの?

うん。今(いま)どの辺(へん)にいる?

今(いま)、家(いえ)出(で)たばっかなんだけど。

オッケー、

じゃあカフェで時間潰(じ かんつぶ)してるよ。

WORD 着(つ)く 도착하다

일찍 도착해버렸어.

벌써 도착했어?

응. 지금 어디쯤에 있어?

지금 막 집을 나왔는데.

오케이,

그럼 카페에서 시간 때우고 있을게.

13
오마카세 이자카야

ビール 瓶ビール 生ビール

ハイ レモン カシス ソフト
ボール サワー オレンジ ドリンク

おしぼり 取り皿

爪楊枝

お冷

枝豆

お通し

日本酒（にほんしゅ）

焼酎（しょうちゅう）

お酒（さけ）

熱燗（あつかん）

焼き鳥（や　とり）

唐揚げ（から　あ）

コーンバター

冷奴（ひややっこ）

手羽先（て　ばさき）

1. 居酒屋（いざかや） 이자카야, 술집

2. おしぼり 물수건

3. 爪楊枝（つまようじ） 이쑤시개

4. お冷（ひや） 찬물

5. お通し（とおし）, つきだし 안주

6 **取り皿** 앞접시
<ruby>取<rt>と</rt></ruby><ruby>皿<rt>ざら</rt></ruby>

7 **おつまみ** 안주

8 **お酒** 술
<ruby>酒<rt>さけ</rt></ruby>

TIP

술을 파는 음식점에 가면 자리에 앉자마자 혹은 주문한 다음에 자동으로 お通し(술안주)가 나옵니다. 간사이지방에서는 つきだし라고 부르기도 하는데요. 무료라고 생각하기 쉽지만 먹으면 돈을 내야 합니다. 메뉴와 가격은 가게마다 다르고 200~500엔 정도입니다. 일본인들은 보통 먹긴 하지만, 못 먹는 음식이 있거나 먹기 싫으면 거부하고 지불하지 않아도 됩니다. おつまみ는 자신이 따로 주문한 안주를 말합니다.

14 **熱燗** あつかん 뜨겁게 데운 일본 술

15 **ハイボール** 하이볼

16 **レモンサワー** 레몬 사와

TIP

술 종류가 정말 다양한데요. 흔히 찾는 술은 日本酒(일본 전통 술), 生ビール(생맥주), 瓶ビール(병 맥주), ハイボール(하이볼), 그리고 ○○サワー(○○사와)입니다. 사와는 소주와 탄산수, 과즙을 섞어서 만드는 술로 レモンサワー(레몬 사와), グレープフルーツサワー(자몽 사와), 巨峰サワー(거봉 사와), ゆずサワー(유자 사와), カルピスサワー(칼피스 사와) 등 여러 종류가 있습니다.

17 **カシスオレンジ** 카시스 오렌지

18 **ソフトドリンク** 소프트 드링크

19 **<ruby>枝<rt>えだ</rt>豆<rt>まめ</rt></ruby>** 에다마메

20 **<ruby>焼<rt>や</rt></ruby>き<ruby>鳥<rt>とり</rt></ruby>** 꼬치구이, 닭꼬치

21 **<ruby>漬<rt>つけ</rt>物<rt>もの</rt></ruby>** 절임 반찬

明日の夜8時に予約をしたいんですが。

내일 저녁 8시에 예약을 하고 싶은데요.

① かしこまりました。何名様ですか。

알겠습니다. 몇 분이세요?

② 申し訳ございません。
当店は予約を承っておりません。

죄송합니다. 저희 가게는 예약을 받지 않습니다.

おすすめ料理は何ですか。

추천 요리가 뭐예요?

カキフライです。 굴튀김입니다.

😊 注文お願いします。これとこれください。

주문이요. 이거랑 이거 주세요.

😊 かしこまりました。 알겠습니다.

 WORD おすすめ 추천

 TIP

① 여러 종류의 술을 많이 마시고 싶다면 飲み放題를 추천합니다. 飲み放題는 '마시다'라는 뜻의 飲む와 '마음껏'이라는 뜻의 放題가 합쳐진 말로, 일정 요금을 내면 정해진 시간 동안 전용 메뉴에서 원하는 드링크를 무제한으로 마실 수 있습니다. 가게에 따라 다르지만 보통 시간은 1시간 30분~2시간, 가격은 1000엔~2000엔 정도입니다.

② 건배는 일본어로 乾杯라고 하는데요. 일본에서는 술 마시기 전에 다같이 딱 한 번만 건배를 하는 것이 일반적입니다. 손윗사람과 건배할 때는 잔의 위치를 조금 밑으로 하는 것이 겸손한 이미지를 줄 수 있어서 좋습니다.

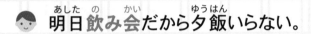

飲_のみ会_{かい} 회식

明日_{あした}飲_のみ会_{かい}だから夕飯_{ゆうはん}いらない。

そうなんだ。わかった。

食_たべ放題_{ほうだい}のお店_{みせ}に行_いくらしいから
食_たべすぎないようにしないと。

そうだね。最近_{さいきん}お腹_{なか}出_でてきたしね。

WORD　夕_{ゆう}飯_{はん} 저녁밥　食_たべ放_{ほう}題_{だい} 무한리필　お腹_{なか} 배

162

네이티브 MP3

😊 내일 회식이라서 저녁밥 필요 없어.

👧 그렇구나. 알겠어.

😊 무한리필 가게에 가는 것 같으니까
많이 먹지 않도록 해야겠다.

👧 그래. 요즘 배도 나왔으니까.

14
빅꾸빅꾸 전자제품가게

エアコン

テレビ

洗濯機（せんたくき）

キーボード　マウス

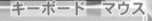

ノートパソコン

フィギュア

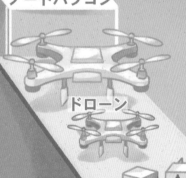
ドローン

変換プラグ（へんかん）

冷蔵庫（れいぞうこ）

炊飯器（すいはんき）

アイロン

掃除機（そうじき）

扇風機（せんぷうき）

電子レンジ（でんし）

ガスコンロ

スマホケース

デジタルカメラ

スマートフォン

1. **電化製品** 전자제품
   <ruby>でん</ruby><ruby>か</ruby><ruby>せい</ruby><ruby>ひん</ruby>

2. **家電量販店** 가전 양판점
   <ruby>か</ruby><ruby>でん</ruby><ruby>りょう</ruby><ruby>はん</ruby><ruby>てん</ruby>

3. **パソコン** 컴퓨터

4. **ノートパソコン** 노트북 컴퓨터

5. **マウス** 마우스

6. **キーボード** 키보드

네이티브 MP3

⑦ **携帯電話, ケータイ** 휴대전화
   けい たい でん わ

⑧ **スマートフォン, スマホ**
   스마트폰

⑨ **スマホケース** 스마트폰 케이스

⑩ **変換プラグ** 변환 어댑터(돼지코)
   へん かん

보통 전자제품을 줄여서 말하는 경우가 많습니다.

ノートパソコン(노트북 컴퓨터)은 パソコン
携帯電話(휴대전화)는 ケータイ
けいたいでんわ
スマートフォン(스마트폰)은 スマホ
デジタルカメラ(디지털 카메라)는 デジカメ

11 **テレビ** 텔레비전, TV

12 **シュレッダー** 서류 파쇄기

13 **洗濯機** 세탁기
せん たく き

14 **冷蔵庫** 냉장고
れい ぞう こ

15 **エアコン** 에어컨

16 **掃除機** 청소기
そう じ き

TIP

일본 전자제품 가게에서는 전자제품 말고도 드럭스토어에서 파는 약품, 화장품, 샴푸, 린스, 술이나 음료수 등의 일용품도 판매합니다. 빅카메라와 유니클로가 합쳐 만들어진 '빅쿠로'에서는 유니클로 옷도 팝니다.

変換プラグはどこにありますか。

변환어댑터는 어디에 있어요?

旅行コーナーにあります。

여행 코너에 있습니다.

カメラは何階にありますか。

카메라는 몇 층에 있어요?

地下1階にあります。

지하 1층에 있습니다.

この商品の在庫はありますか。

이 상품의 재고가 있나요?

申し訳ございません。
只今在庫を切らしております。

죄송합니다. 지금 재고가 다 떨어졌습니다.

① 일본의 대표 전자제품 가게로는 ヤマダ電機(야마다덴키), ビックカメラ(빅카메라), ヨドバシカメラ(요도바시카메라), ケーズデンキ(케이즈덴키) 등이 있습니다.

② 전자제품 가게마다 테마송이 있어서, 매장에 가면 테마송을 들을 수 있습니다. 예를 들어 빅카메라는 ビックビクビクビックカメラ♪(빅빅빅빅카메라), 케이즈덴키는 新製品が安いケーズデンキ♪(신상품이 저렴한 케이즈덴키)입니다. 한 번 들으면 어느새 따라 부르게 될 정도로 중독성이 강합니다.

ケチ 짠돌이·짠순이

あの〜 買いたいものがあるんだけど…。

何ですか？

このカメラなんだけど…。

だめ。似たようなカメラ持ってるじゃん。

今回出たばっかの新商品だよ？

似てるようで似てないんだってば。

とにかくだめです。

…ケチ！！

😊 저기~ 사고 싶은 게 있는데….

🙂 뭔데요?

😊 이 카메라인데….

😄 안 돼. 비슷한 카메라 가지고 있잖아.

😊 이번에 나온 신상품이야!

비슷해 보이지만 안 비슷하다고.

😄 어쨌든 안 됩니다.

😊 …짠돌이!!

ジャム

サンドイッチ

トング

食パン

トレー

菓子パン　　あんぱん　　メロンパン　　チョココロネ

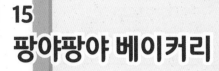

15
팡야팡야 베이커리

クリームパン

アップルパイ

ドーナツ

クロワッサン

ガーリックトースト

ピザパン

ハンバーガー

ホットドック

ベーグル

揚げパン

コッペパン　　カレーパン　　焼きそばパン　　蒸しパン

1 **パン** 빵

2 **パン屋**<ruby>や</ruby> 빵집

3 **食パン**<ruby>しょく</ruby> 식빵

4 **パンの耳**<ruby>みみ</ruby> 빵 가장자리

5 **菓子パン**<ruby>か</ruby><ruby>し</ruby> 과자빵(단 빵)

6 **あんぱん** 팥빵

7 **メロンパン** 메론빵

8 **クリームパン** 크림빵

9 **アップルパイ** 애플파이

10 **ジャム** 잼

11 **焼きそばパン** 야키소바빵

12 **チョココロネ** 초코 소라빵

13 **クロワッサン** 크루아상

あんぱん(단팥빵), ジャムパン(잼빵), カレーパン(카레빵), メロンパン(메론빵), クリームパン(크림 빵), 焼きそばパン(야키소바빵) 등은 일본에서 개발한 빵이라고 합니다. 그중 제가 추천하는 빵은 メロンパン과 焼きそばパン입니다. メロンパン은 메론이 들어 있는 게 아니라, 모양이 메론처럼 생겨서 메론빵이라고 해요. 빵 반죽 위에 설탕 섞인 쿠키 반죽을 얹어서 만들기 때문에, 쿠키의 바삭바삭함과 빵 반죽의 부드러움을 동시에 즐길 수 있습니다. 그리고 焼きそばパン은 焼きそば(야키소바)와 紅ショウガ(붉은 생강절임), マヨネーズ(마요네즈)를 쿠페빵에 끼워서 만든 빵입니다. 야키소바와 생강절임, 마요네즈, 쿠페빵의 궁합이 좋아 한 번 먹으면 또 먹고 싶어진답니다.

14 **コッペパン** 쿠페빵

15 **カレーパン** 카레빵

16 **ベーグル** 베이글

17 **フランスパン** 프랑스빵

18 **ガーリックトースト** 마늘빵

24 **蒸^むしパン** 찐빵

25 **揚^あげパン** 튀김빵

26 **トング** 집게

27 **トレー** 쟁반

TIP

일본에는 100년 이상 영업을 유지해온 노포가 많습니다. 빵집 중에서 유명한 노포
로는 1869년에 창업하여 팥빵과 잼빵을 개발한 木村屋(키무라야)와 1901년에
창업하여 크림빵을 개발한 新宿中村屋(신주쿠나카무라야)가 있습니다.

いちばんにんき
一番人気のパンは何ですか。

제일 인기 있는 빵은 뭐예요?

カレーパンです。

카레빵입니다.

なか   なに   はい
このパンの中には何が入っていますか。

이 빵 안에는 뭐가 들어 있어요?

はい
チーズとベーコンが入っています。

치즈랑 베이컨이 들어 있어요.

네이티브 MP3

 パンはお持_もち帰_{かえ}りですか？
店内_{てんない}でお召_めし上_あがりですか。

빵은 가져가시나요? 가게 안에서 드시고 가시나요?

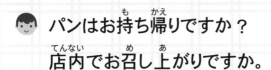 店内_{てんない}で食_たべていきます。

가게 안에서 먹고 갈게요.

TIP

① 일본의 국민 애니메이션이라고 할 수 있는 〈アンパンマン(호빵맨)〉의 주요 캐릭터는 빵입니다. しょくぱんまん(식빵맨), カレーパンマン(카레빵맨), メロンパンナちゃん(메론팡나짱) 등이 있는데요. 원작자인 야나세 타카시가 '배고픈 사람들을 돕는 것이 정의다'라는 생각으로 만들었다고 합니다.

② 일본 편의점에는 맛있는 빵이 정말 많은데요. 제가 추천하는 빵은 세븐일레븐의 メロンパン(메론빵), つぶつぶコーンスティック(도톨도톨 콘스틱), シャキシャキレタスハムサンドイッチ(아삭아삭 레터스 햄 샌드위치), 焼きそばパン(야키소바 빵), 그리고 패밀리마트의 ウィンナーパン(비엔나 소세지 빵)입니다.

デザートは別腹 디저트 배는 따로

お腹いっぱい。食べすぎたね。

食後のデザートに
パン屋さんのアップルパイ食べない？

お昼あんなに食べたのにまた食べるの？

うん！デザートは別腹だもん。

WORD お腹なか 배 食しょく後ご 식후 デザート 디저트

😊 배불러. 너무 많이 먹었네.

😊 식후 디저트로
빵집의 애플파이 먹지 않을래?

😊 점심 그렇게 많이 먹었는데 또 먹어?

😊 응. 디저트 배는 따로니까.

チェックインカウンター

客室乗務員
（きゃくしつじょうむいん）

機内食
（きないしょく）

シートベルト

座席
（ざせき）

国際線
こくさいせん

国内線
こくないせん

ターミナル

パスポート

搭乗券
とうじょうけん

スーツケース

窓側
まどがわ

通路側
つうろがわ

16
쿠우꼬우 공항

1. **空港** <ruby>空<rt>くう</rt></ruby><ruby>港<rt>こう</rt></ruby> 공항

2. **ターミナル** 터미널

3. **国際線** <ruby>国<rt>こく</rt></ruby><ruby>際<rt>さい</rt></ruby><ruby>線<rt>せん</rt></ruby> 국제선

4. **国内線** <ruby>国<rt>こく</rt></ruby><ruby>内<rt>ない</rt></ruby><ruby>線<rt>せん</rt></ruby> 국내선

5. **出発ロビー** <ruby>出<rt>しゅっ</rt></ruby><ruby>発<rt>ぱつ</rt></ruby>ロビー 출발 로비

6 **到着ロビー** 도착 로비
<small>とう ちゃく</small>

7 **搭乗口** 탑승구
<small>とう じょう ぐち</small>

8 **チェックインカウンター**

체크인 카운터

9 **搭乗券** 탑승권
<small>とう じょう けん</small>

TIP

여권은 일본어로 旅券 혹은 パスポート라고 합니다. 공항이나 서류에는 旅券이라
고 표기되어 있긴 하지만, 보통 말할 때는 パスポート라고 합니다. 일본 여권은 유
효기간에 따라 적색과 감색으로 구분합니다. 적색 여권은 10년, 감색 여권은 5년
입니다.

10 **パスポート** 여권

11 **荷物** 짐
<ruby>荷<rt>に</rt></ruby><ruby>物<rt>もつ</rt></ruby>

12 **手荷物** 수하물
<ruby>手<rt>て</rt></ruby><ruby>荷<rt>に</rt></ruby><ruby>物<rt>もつ</rt></ruby>

13 **スーツケース** 캐리어

14 **免税店** 면세점
<ruby>免<rt>めん</rt></ruby><ruby>税<rt>ぜい</rt></ruby><ruby>店<rt>てん</rt></ruby>

TIP

일본에서는 승무원을 客室乗務員(객실 승무원), キャビンアテンダント(캐빈 어
きゃくしつじょうむいん
텐던트), フライトアテンダント(플라이트 어텐던트)라고 말합니다. 옛날에 많이
쓰인 スチュワーデス, 줄임말인 スッチー는 지금은 거의 쓰지 않습니다.

24 **窓側** <ruby>まど<rt></rt></ruby><ruby>がわ<rt></rt></ruby> 창가 쪽

25 **通路側** <ruby>つう ろ がわ<rt></rt></ruby> 통로 쪽

26 **入国カード** <ruby>にゅう こく<rt></rt></ruby> 입국 카드

27 **税関申告書** <ruby>ぜい かん しん こく しょ<rt></rt></ruby> 세관신고서

28 **入国審査** <ruby>にゅう こく しん さ<rt></rt></ruby> 입국 심사

お座席は窓側と通路側、

どちらがよろしいですか。

좌석은 창가 쪽과 통로 쪽 중에 어느 쪽이 더 좋으십니까?

窓側の席をお願いします。

창가 쪽 자리로 부탁드립니다.

すみません、毛布はありますか。

저기요, 담요 있습니까?

はい、ただいまお持ちいたします。

네, 바로 가져다 드리겠습니다.

訪問の目的は何ですか。

방문 목적은 무엇입니까?

1. 観光です。 관광입니다.

2. 仕事です。 일입니다.

3. 出張です。 출장입니다.

4. 留学です。 유학입니다.

① 하네다 공항을 이용한다면 제3터미널에 있는 江戸小路(에도코지)에 가보시는 걸 추천합니다. 공항 내에 에도시대를 재현해 놓은 듯한 거리로, 일본에서 유명한 식당이나 기념품 숍 등 다양한 가게를 볼 수 있습니다.

② 항공업계 관련 일본 드라마와 영화를 몇 가지 소개해드립니다.

- 기무라 타쿠야가 부조종사 역으로 나온 드라마 〈GOOD LUCK〉

- 아야세 하루카가 신입 승무원 역할로 나온 영화 〈ハッピーフライト(해피 플라이트)〉

- 이토 아츠시가 주역을 맡은 드라마 〈あぽやん~走る国際空港(아포얀~달리는 국제 공항)〉

ワクワクする 두근두근하다

👧 ワクワクする～！

👦 そう？

👧 だって初めての海外旅行だよ。

👦 そうだね。忘れ物ない？

パスポート持った？

👧 もちろん！

두근두근하네~!

🙂 그래?

 왜냐하면 처음 가는 해외여행이잖아.

🙂 그러네. 잊은 물건 없어?

여권 챙겼어?

 물론이지!

사요와 함께
동네 한 바퀴

이건 일본어로 뭐야?

초판 인쇄 | 2021년 9월 20일
초판 발행 | 2021년 9월 30일

지은이 | 스자키 사요
발행인 | 김태웅
기획편집 | 길혜진
일러스트 | 신은영
디자인 | 남은혜, 신효선
마케팅 | 나재승
제　작 | 현대순

발행처 | (주)동양북스
등　록 | 제 2014-000055호(2014년 2월 7일)
주　소 | 서울시 마포구 동교로22길 14 (04030)
구입문의 | 전화 (02)337-1737　팩스 (02)334-6624
내용문의 | 전화 (02)337-1762　dybooks2@gmail.com

ISBN 979-11-5768-738-1 03730

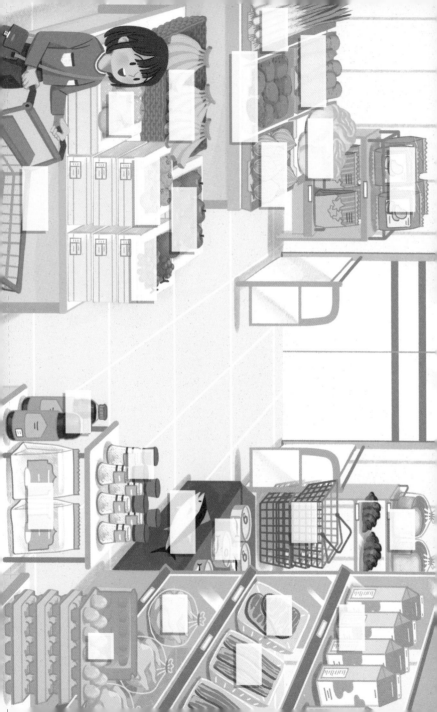

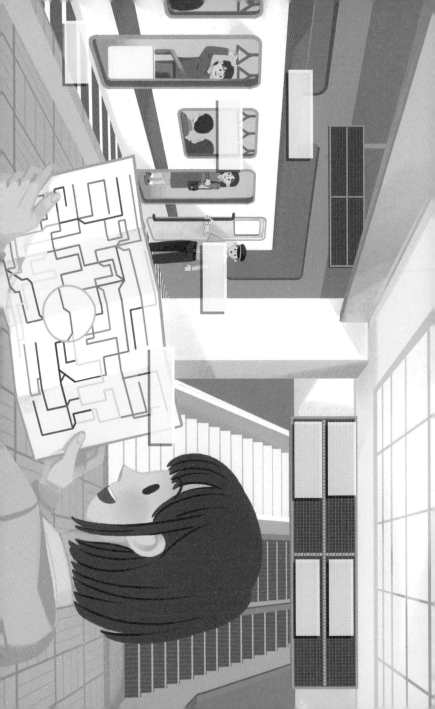